渋沢栄一翁が教える

小さな会社を作って成功する30の基本

田中　直隆

三冬社

まえがき

今日の我国の経済的繁栄の基礎を築いた人が渋沢栄一翁と言い切っても過言ではない。

当時大蔵省の高官だった職を辞して事業家に転身した彼は、第二回パリ万博に徳川昭武（十五代将軍慶喜の実弟）に随行して諸外国の高度な文明に触れ、多くの知識を得ることになった。

銀行制度、保険サービス、教育等その分野は幅広くどれも日本の文明開化と産業育成に多くのヒントと機会を与えることになった。何故渋沢翁はこんなに多くの企業を創成し成功に導くことが出来たのか。

渋沢栄一翁は若くから儒教学徒でもあり、時に〝論語〟の研究者としても知られている。「私は事業経営と論語を両立させてやってみせる。」とも彼の「教訓」で語っている。

つまり経営には必ず道徳の精神を供なってなければならない。更に学問は机上の空論ではなく実務でなければならない…と。

今、我国の経済循環がコロナウィルスによって停止しようとしている。

世界はこれは眼に見えない敵との戦争だとにらんで対策も強化している。グローバルな時代だ。経済構造がそれだけ複雑になっている。

この事態の打開に、もし渋沢翁が存命ならどんなヒントを出してくれるだろうか。

とにかく令和の時代の顔として内定した渋沢栄一翁、筆者の視点よりまとめてみた次第だ。若い起業家志望の諸氏に是非目を通してもらいたい。拝金主義者に落ち込まず美しく強い事業家になるためにもだ。

なお、出版にあたり、三冬社の佐藤公彦氏と助手の小峯康弘君に謝意を表したい。

令和二年三月

田中直隆

目次

第二章　人間論

第三章　企業論

第一章　条件論

一　天命を知ることから始まる

私達は自分の意思とは関係なくこの世に生命を授けられている。自分の意思に関係なく生まれ出てきたのだ。私達が人として生まれるには人の両親がいなければならない。

なぜ、人間として生まれ出たのであろうか、同じ生まれるなら他の動物（犬や猫等）の子どもとして生まれても、生命としては変わることはない。しかし、気づいたら人間の子として生まれていた。そして何も考えずだらだらとなんとはなしに生きている。ほとんどの人は人の一生とは何か、生命とは何かなんて考えたこともない。

また、同じ人間の子として日本以外の国、ヨーロッパやアラブやアフリカに生まれる人もいるであろう。普通はこんなことなかなか考えないものだ。まず、人はなぜ生まれてきたのかという素朴な疑問さえもなかなか持とうとしない。論語の中には生まれた以上はこうあるべきであるという示唆はある。渋沢翁は『渋沢百訓』の中でこう言っている。

「元来、人がこの世に生れてきた以上は、自分のためのみならず、必ず何か世のためになるべきことをなす義務があるものと私は信ずる。すなわち人は生まれるとともに天の使命を享けておる。各々の才能を用いそれぞれ力を尽くすのが人としてこの世に対する義務であると私は確信している。従って世に処するところの方針もここに標準を置いている。」

私達はそれぞれの天命を受けて生まれてきていることであり、それゆえ、天命を悟り、その役割を懸命に果たすことこそ使命であり歓びである。そのために使命達成の才覚をその人に天は与えてくれるということである。

自分がどのような生き方をするのか、ここを決めることはこの人生で重要な意味がある。いわゆる、人生の基本コンセプトがしっかりしていないと、この人生はやり直し、落第ということになってしまうからで、しっかり決めた事はやたらにぶれてはいけないということだ。

創業（企業の誕生）にあたっても最重要な考え方の一つである。こういう筆者も、起業し約20種類の職業を経験してきた。故に、この世の自分に与えられた使命とはと常に思い続けている。

思うに、天は人の人生に対してそれなりに一定の才覚や目的を与えてくれているような気がする。

例えば、芸術家としての才能、事業家としての才能、教育者としての才能、政治家、武道家等。自分に天から与えられた才能を悟り、その才能を伸ばし、世の中、人々の役に立つことが天命を果たすことなのかもしれない。与えられた才能を活かす生き方と、与えられていないが願望のみで挑戦するのでは、そのプロセスで努力の差が生じるのは当然だろう。

人間が幸福であるための条件の一つとして、アルフレッド・アドラー（心理学）は、「魂の生活と一致する仕事を得ること」と述べている。

二　克己復礼

孔子の教えに「仁者は己立たんと欲してまず人を立て、己達せんと欲してはまず人を達す」がある。渋沢翁は次のように言っている。「社会のことは、すべてこうでなければならぬと思う。己立たんと欲してまず人を立てといい、己達せんと欲してまず人を達すといえば、如何にも交換的の言葉のように聞こえて、自欲を充たそうために、まず自ら忍んで人に譲るのだというような意にも取れるが、孔子の真意は決してそんな卑近なものでは無かったに違いない。人を立て達せしめて、しかる後に自己が立ち達せんとするその働きを示したもので、君子人の行の順序はかくあるべきものだと教えたにすぎないのである。換言すれば、それが孔子の処世上の覚悟であり、余もまた人生の意義はかくあるべきはずだと思う。」

孔子はまた「克己復礼」と云う事を説いた。

自己のわがままな心に打ち勝って、礼に従ってゆきさえすれば世の中に間違いないということであると。「復礼」の礼は礼儀作法というような狭い意味の文字ではなく、精神的なこと以外はすべてこの文字中に含まれている。例えば刑法とか裁判とかいうことから、一身上の制裁に関する事柄が皆それである。孔子は自己の存在は社会のために図るところあらんとし、「己に克ちて礼に復れば天下仁に帰す」と言っている。

すなわち、人生（起業）の目的は社会のため、他人のためを策ることであると、明らかに論語に記しているわけではないけれども、「仁」と「不仁」とを論ずる言葉より察するに、一般を目的として多数人に利あるようにと説いている。要するに、自己のことばかりを想う者が仁者でなきことは知れ切っているから、結局、客観的に人生、起業をみるという方が道理正しいことになると思う。

三　軽快なる活動

渋沢翁は実業界に席をおきながら、大金持ちになるのが悪いと持論を持っていた。これは一見矛盾した話のようではあるが、平素「淡泊」を主義として世に処したいと考えていたので、富を致すについても、やはり淡泊を旨としたのである。しかし、一般社会の人情としては、誰しも少額よりは多額を望み、他人よりも余分に蓄積したい、大富豪になりたいと苦心するのが普通である。多いということは際限がない。どこまで行ったら満足するか。仮に無一物の者は十万円を貯蓄したいと望み、十万ある者は百万を欲し、億万長者は百億、千億と行けども行けども無限大で果てしが無い。もし一国の財産を一人の所有にしたら如何なる結果になるか。窮極するところなき欲望に向かって、虎狼の慾をたくましゅうする徒が続出するよりも、むしろ、知識ある働きある人を多く出して国家の利益を計る方が国家万全の策であると思うと述べ、渋沢翁は実業家でありながら、大金持ちになることを好まない。従って世の大富豪なるものがその国の財産を一手に占有せんとする事を嫌うのである。嫌うからこそ自分自らも、大富豪になりたいと努めようとも思わなければ、また大富豪になることが良いと人に勧めもしないのである。富に対して従来、実にかくの如く淡泊なる考えを持ってきたのである。

世界の財産を自己一人で所有する訳にもいかないし、一人が富を積んでもそれが社会万民の利となるわけでもないし、詮ずれば誠に無意義なものになってしまう。それればかりか無意義なことに貴重な人間の一生を捧げるということは、馬鹿馬鹿しい次第で、人間として生まれた以上もう少し有意味に終生を過ごすのがその本領であると考える。では、有意味の仕事とは何であろうか。渋沢翁は次のように思惟すると述べている。「富を積むというがごとき無限大のこと、しかも割合に無価値のことに向いて一生を葬ってしまうよりは実業家として立たんとするならば、自己の学術知識を利用し、相応に愉快な働きをして一生を過ごせば、その方が遥かに有価値な生涯である。要するに余は従来、この主義を楯として世に処してきた。それゆえ、事業に対しても独立経営の利殖法を避け、それに代わりうるに衆人の合資協力成る株式会社、合資会社なぞを起こして、利益は一人で壟断せず、衆人とともにその恩恵に均霑するようにしてきたのである。これすなわち、余がいわゆる自己の知恵を応用して、淡泊に活動してきた者と言って差し支え無かろうと思う。自分に大財産が無くても、相応な知恵と愉快なる働きをなし得るだけの資産があれば、それを武器として他人の財産を運用し、これにより国家社会を益する仕事をしてゆくことが幾らでもできる。事業に対する観念は自己の利殖を第二位に置き、まず、国家社会の利益を考えてやる。利己主義でなく公益主義を掲げて起業をすることが重要ではないかと思われる。」

四　起業の心得

栄一は生涯五百以上に上る会社の設立に関与し、さらに経済団体（東京商工会議所等）、社会公共事業、保健団体（日本赤十字社、聖路加病院）、実業教育（商法講習所（現一橋大学））、一般教育（同志社、慶応、早稲田、明治）にも関わっている。

とにかく超人渋沢栄一の業績は前代未聞である。我が国では彼以後にも多くの優秀な経営者を輩出しているが、栄一を超える業績の持ち主は見当たらない。

それは彼の信条として、日本を強くしなければならないという愛国心、日本にとって必要とされる事業、教育、団体などの設立には力の限り協力を惜しまないという国益を計ることを主眼としていたからだ。

このような意味では渋沢は、経済界だけの業界人と呼ぶにはあまりにもふさわしくない。一つの業界に限定されてまとめることは到底できないのだ。日本の近代化を導いたゼネラリストとでも言おうか、つまりしゃくし定規で計れない奇跡の人なのだ。

さて、このように彼の人生の経験から、起業の心得を万民にアドバイスしているのが興味を抱かせる。人は本能的に独立独歩を願うものだ。しかし、起業家となって自分の会社を設立したからといって成功するとは限らない。ある統計によると、百人の人が独立して、五年後に生き残っている人は二人余りだそうだ。生き残りは厳しいのだ。比較の対象外だが、私もかつて十社余りの会社を設立して苦労して維持した時代があった。特に中小企業は多産多死と呼ばれ、設立と倒産を繰り返しているのが現実だ。成功することはなかなか難しいのだ。事業は人なりという有名な言葉がある。また、人・物・金という言葉もある。

栄一が、国立第一銀行を始めとするあらゆる分野に五百余りもの企業や団体を設立し、成功させた秘密はどこにあったのだろうか。いくら時代が要請していたといっても人間業ではない。起業するには、資本・人材・時代の要請が合っていなければならない。

栄一は物事が成就するには、天の利、地の利、時の利の重要性を言っている。

時代が必要とし、資金が調達でき、適材な人材が肝要である。

特に一番大切な資本金の集め方に、合本主義、つまり株式制度による起業の方法が中心であり、栄一の成功への鍵となった。今では当たり前の感覚だが、当時は互いに資金を分担して資本金を調達する方法は革新的だったのだ。ここで、栄一の著書『渋沢百訓』の中で栄一が述べている起業家の心得を参考にしてみよう。

起業者一般への注意として、栄一はこう言っている。「およそ一事業を起こし、それを成功させしめんとするは、すこぶる困難なことで、非常なる決心と綿密周到なる注意を持って掛からなければならぬことである。また、次に考えなければならないことは、自分で今企てつつある事業は果たしてでき得べきであろうか、それとも不可能であろうかとの問題についてである。」

つまり、いい加減な起業計画はだめだということだ。どんなに優れた企画、理想でも実現不可能なことは無理なのだから、そこは現実直視ということを優先しなければならないということだ。

今までの経験で、思いつき、これなら儲かるぞというような気持ちで独立してしまったり、会社を始めたりして失敗した人の話は後を絶たない。

事を起こす前に、やろうとしていることが誰かの役に立つかどうか、ニーズがなければ成立しないからだ。

夢を見ている時は、儲かることで頭が一杯で、肝心のマーケットのことを忘れてしまっているし、また、マーケットのことを了解していても、自分自身に創業者としての資格が備わっているかよく検討しなければならない。

私の知る限り、独立して失敗する人の多くは、充分な計画、技術の習得、資金計画、必要な人間の確保等があいまいな点が共通している。さらに失敗か成功かは、一定の時間が経過しなければ判断できないものである。1ケ月や二ケ月で結論は出ない。少なくとも二、三年辛抱強く継続してみて初めて一定の安ダンが出来るのである。

五　子曰く、利に放りて行えば怨み多し

人生の成長と仕事の成功は分離したモノではない。同一化したものだ。人として成長しなければ当然仕事の成功もない。

また、仕事の成功者は同時に人間的に大人であり人生の成功者でもあるわけだ。

ただ、人によって、何をもって成功とするかという視点は異なってくる。当然であろう。文化、環境、素性や人生観が異なる人達の連合体が社会そのものだからだ。渋沢は、この成功論に関して言っている。

「一般的には努力をして富と位を得て成功という概念に理解され

るが、私はその結果のみにとらわれるのではなく、同時にどのようなプロセスを経てその成功を勝ち得たかが大切であろう。その方法が道理に欠けず、正義を失わず穏当なる方法で発達進行したものであれば、それは真の成功であろう。」『渋沢百訓』

要は、不当な方法で人を泣かせ、ごまかして得た富や身分など本物とは言えず正攻法で成功を得ることが大切だということだ。

利益を得ることは悪くはないが、自分の事だけを考えて利益打算での金儲けは他者から恨まれることが多くなるということである。

ただ相手をごまかして、儲けた人が勝つようではだめなのだ。

筆者の書斎のある小田原駅近辺に二宮尊徳の言葉が刻まれている。「譲って損なく、奪って益なし」と。

しかし、昨今の我が国でも、投資話のウソ、弱者相手の高利なファイナンス、サラ金の超過利息……、今日に至ってこれほどの優れた教えがあるにもかかわらず、実業界はその経営概念において追いつかない面をよく見る。

私もこの年になって、それなりに学び経験してやっと少しはなぜ、実業界において論語の教えを実践しなければならないかが分かってきたように思う。

若い時の私は好奇心一杯で行動力もあったように思うが、事業経営の根本的な考え方が間違っていたのである。

社会のために、国家のために貢献するために経営するとは口で言いながら本心は金儲けをして早く立派になって安心立命の境地になりたいと、自分の事ばかり考えていたのである。

そのため考え方が自分の利益中心になって周囲が見えなくなってしまったのである。

六　王道を歩むという覚悟

一年に四つの季節があるように、人生にも春夏秋冬がある。天が人をこの世に産んだ以上、天は人にその生き方を必ずやなんらかの方法で教示しているはずだ。自然のリズムに人生を合わすと、生きることが楽になる。

人は自力で生きているのではなく、生かされているということから悟る必要がある。

根本的な物の考え方として、一生を生かされていると感謝の心を忘れずに生きている人と、自己力で生きている、自己中心の人生観で生きている人では、その結果は大いに異なる。

栄一の物の考え方、判断の仕方、人生の在り方、人とその在り方はもちろん儒教に深く影響を受けていることは言うまでもない。人間性の基本的な生き方と自然との調和、栄一は自然という言葉を大事にする。そして人は社会との調和が肝心で、人は一人で生きているのではない、人の相互の調和によって成り立っている。多くの人の恩恵の上に成り立っているから、本来の成功を勝ち得た者は社会に還元しなければならないという基本がしっかり根付いている。

栄一の偉大なところは有言実行である。それを自ら実行した人なのだ。

人がこの世に生まれ落ちる目的は社会、国家へ貢献するためといっても過言ではないのだ。

近年、強欲資本主義と言われる米国金融界がものすごい勢いで崩壊していくのも、我さえ良ければいいという自己主義を基礎に積み上がった経済システムが、自然の理にかなわないため、調整され、消滅していく姿なのだ。

少なくともどんな生き方も王道を歩むという覚悟が本当に大切で、それが結果的に、本当の成功を勝ち取ることが出来るということだ。

我々はまず、全ての前に、人間はなぜ生まれ、何を学んで生きていくべきかという基本的な目標と信念をまずしっかり身につけておかなければならないのだ。

その場合、人生指標として最も適切で正しい基準を論語の教えに学んでおくことは素晴らしいことだ。

栄一が、自分は論語によって生き、論語によって実業してみせるといって、終生その言葉にぶれることなくまっとうしたことは実に偉大なことなのだ。普通は〝言うは易し行うは難し〟であろう。

七　自然との調和

自然の法則はいろいろなことを人間の生き方に暗示している。例えば、四季、春夏秋冬、単なる季節のめぐり合わせではない。人の一生の生き方の区分と内容を教えてくれているのだ。

例えば、春期は生まれて二十五歳まで、体を鍛え、学問をして知識を蓄える歳だ。夏期は学んだ知識を応用して活動する時期、多くを経験して学び、知識を知恵に高める時期でもある。

そして秋期、積み上げた信用、名声を得る時期、それは人生で最も充実する時期、やがて冬期、蓄えた貯金や名声を内に秘めて新たに休息する時期、こうして人間は百年は生きられるように天は教えてくれているのだ。心がけとして、いつも天の声に耳を傾けられる自分作りをしておく必要があるのではないか。

渋沢栄一という人は本当に不思議な人だ。時代の変遷期に天が送り込んだ菩薩のような考えを実行して、日本の近代化に大きく貢献した人だが、自分達一族の財産を作ろうとしている気持ちは持っていなかった。

〝子孫に美田は残さず〟を自ら実行した人でもある。

栄一の格言の中で、私が学生時代に読んだ一説でいまだに忘れられないものがある。その当時は、渋沢栄一という大実業家ということぐらいしか知らなかったのだが、確かに、その格言集にはこんな言葉があったことを覚えている。

「私が全世界の富を独占して手に入れたとしても、この世の中で一人でも貧して不幸な人がいれば、私はやはり幸福にはなれない。」

……と。

当時高校生の筆者はなんと優しい事業家だと感銘した記憶がある。この人は人間を超越しているとさえ思ったほどだ。それは母が子を思う心と同じように思えた。

私は今でも渋沢家の一部の人々との交流を持っているが、財産が余って裕福な生活など決してしているものではない。

栄一は言っている。「子どもに残してあげるものは、学問そのものである。教育そのものである。それを授ければ自己成長していく。そして、子どもは子どもの人生を築いて行けばいいのであって、実業あととりに不向きであれば適材適所でないので無暗に継がしてはならない。」……と。

八　栄一の成功論

さて、我々は以上のように栄一の生き方の基本的信念を研究することによって初めて、栄一の言う〝成功哲学〟点とは何かを学ぶことが出来るのだ。そして、その成功の哲学は各論に、栄一流の論語経営の応用があるわけである。なにしろ、栄一は言うところの一身一生ではなく、一身二生、いや一身三生以上の人生を生きた人だ。普通ではとても考えられない業績、そこらの単純な成功哲学ではとても解析出来うるものではないのだ。

栄一は生涯脱皮を続けて大きくなってきた人と言っても過言ではない。

そんな栄一が実業を通して、約五十年の経験法則の中から、人の在り方、実業の在り方を説いているのが、あの有名著述書「論語と算盤」だ。そして、いまだに多くの出版社がその本の解説本を出し続けている。経験を経て知恵の宝庫から放出される教えの真理そのものであるから、どんな人の心にも深く響くものがあるのだ。どんな知識を持って学者が挑戦しても比較にならないのである。

さて、どんな人でも、富や名声を得て成功したと思うのが当然だ。しかし、何をもって成功するのか、その中身はどうなのか、一口に成功といってもとても一つの定義で言い切れないものだ。なぜなら、現在成功していると見える人は十年後には失敗者であるかもしれない。また、今会社が倒産した社長が将来の姿で見た場合、復活して成功するかもしれない。人のその時の様子だけで成功、不成功の判断は出来ないのは常識だ。

人はとにかく目先で判断してしまいがちだ。こんな時の栄一の成功論は大いに参考になる。

私は院生の頃、将来大いに学び大いに儲け、文武に優り成功する姿を願ったことがあったが、実際にはひどいものであった。

何しろ、当時は、資産を持ち、家を建て、学位を取り、教授になり、内職でコーヒーショップのひとつでも経営したり、いやチェーン店にして儲けたりしたらラッキーなんてたわいのないことを夢見ていたのだ。

こんな時、もし渋沢栄一の成功論を少しでも理解していたら、その後の人生で大いなる無駄と悲劇はなかったと思える。

今になってつくづく反省しているが、当時は欲、それも我さえ成功すればという自己欲の塊みたいだった。

就学生の身でありながら、文房具、居酒屋、ラーメン店等を経営して、気分的には実務型経営学者としての自分を気取っていた。そんな時一つの事故が起こり、それまで自分なりに築いたと思われるもの全てを失うことになった。また、学問でも中途半端な人間になってしまったのだ。

原因は先に述べたものの考え方が間違っていたことだ。全て、修学の志も、経営者としての在り方も自分本位、自分が成功すれば良いという、自己主義の塊だったからだ。相手の事、客の事、社員の事など頭にはなく、まして自分なりのロマンを求めて楽しく生きる事が、家族にとってどうなるかも考えない始末だった。

一時的に派手に見えた姿はまさしく虚像だったのだ。今になって、仕事は誠実に、顧客の便をまず考え、実直に積み重ねなければ決して成功しないという結論に辿り着くことができたように思われる。

この点、栄一は、物事の判断において決して学問だけでは修得できない天才的な感覚を身につけていたし、また、強運の持主であったとも思う。この人の言う運とは何であろうか。後に検討したいと思う。

では、栄一が語る成功論を彼の『訓言集』から拾ってみよう。

①「真の成功は、その経営の内容に重きを置かなければならない。正義人道に基づいて、国家社会を利するとともに、自己もまた富むものでなければ真の成功者とは言わない。」

②「世の成功熱に浮かされ、野猪的に進むものが多いが、その多く失敗に終わるは、身の程を知らぬからである。各自に天の使命を自覚し、国家、社会の公益を念頭に置いて、その才能、その力量に応じて、事に当たるにあらば、事業は成就し難いものである。」

と教えている。なんと耳が痛いことか。

持っている金銭の量の大小で成功ということは決められない。人間はいやしいものである。あの人は株で儲けて、資産二億円もあるんですって、大したものねー。そんなうらやむ声をよく周囲で聞く。つまりお金持ちこそ成功者で偉い人、貧乏人は失敗者、接するだけでも損をする。成金と言われる人の周囲には砂糖に群がる蟻の如し、いろいろな人が取り巻いて、なんだかんだ言って、おこぼれを引っ張り出している姿をよく見る。

しかし、金銭は大切だが、金銭の哲学たるものを確立し、身につけておかなくてはならない。そうしないと、儲けた金で身を滅ぼしてしまうケースがよくあるからだ。

栄一は言っている。

「私は人が世に処するに当たり大資産は不必要だと決めている。もっとも社会には大資産がなければ出来ない仕事が多いけれど、それは必ずしも一個人に大資産がなければならないというはずはない。自分には大財産が無くとも、相応な知恵と愉快なる働きをなしえるだけの資産があればそれを武器にして他人の財産を運用し、これによりて国家社会を益する仕事をしていくことが幾らでもできる。」……と。

栄一は会社を興す時、自分も株主の一人になるが、資本の調達は、周囲を説得して、資産を集めて、目的を達成している（合本主義）。つまり今でいう株式会社制度だ。彼は銀行も保険会社も、設立当初、責任者として軒頭に立つが軌道に乗ると適任者を代表にして自分は相談役に退いて、一つ一つ会社にとって必要とされた事業の創立に心血を注いでいた人だ。

もちろん、そこには『論語』をモデルとする道徳を規準として経営を展開していくという信念があったからだ。

九　道徳経済合一説

さて、栄一の道徳経済合一説はあまりにも有名である。そして、これまで多くの論客によって語られてもきている。栄一は、陽明学の骨子であり、孔子の言葉で「学び思わざらば則ちくらし。思いて学ばざれば則ちあやうし。」の考え方を重視している。いわゆる、知行合一、「全ての事は学ぶと同時に考えること、そして、思う前にまず学ばなければならない。」ということを言っている。

物事の判断に於いて知識や経験の少ない人からはアイデアや新しい企画案は出てこない、いや出せないのだ。だから、学問をするということは、物事をより正しく判断できる能力を作り上げるのだ。

「まず、知識を学ぶこと、そして、学校で学ぶ知識は社会に出てから実務を施工するための下地なのである。人は死ぬまで学問を考えるべき。」と栄一は言っているのだ。

現代の学生や教員は、この教育への考え方の中に、将来のより良き実務を成功させるために、知識としての学問は大切だという考え方が気薄なような気がする。

ただ、偏差値を高めて、より有名校に入り大学に入れば、就活のための勉強をする。

これでは本当の学問は身につくわけはない。全てが有名校に入り有名企業に就職するための学問では、人生そのものが寂しすぎるのではないか。

「子曰く、異端を攻むるは、斯れ害あるのみ。」（為政篇）

正統な学問を修めずに、異端（雑学）に専念するのは益が無く、害があるのみだ。

物事はまず王道から、基礎力をしっかり身につけていかなければならない。目先の事をちょっと勉強して、要領よく良い点を取ることが出来ても、基礎力をきちんと身につけていないと続かないのだ。ゆえに、大学等の教養課程はとても大切で、しっかり学んでおいてこそ、専門科目も理解出来ることになるのである。

筆者の場合、大学は経営学部の出身だが、入学した当時は経営学を教えている先生たちは、皆、何らかの経営者、管理者の経験の持ち主とばかり思っていた。

ある日、経営学基礎論担当の教授に「先生は過去にどんなビジネスを経験されたのですか？」ときいてみたところ、その教授は変な顔をして、「僕は商売の経験なんかありませんよ。」と少し不機嫌に答えられた。筆者は、「でも、経営学は実践学そのものと言われたでしょ。」と口答えしてしまった。

その教授は、「確かに理論ではそうだが、経営と経営学はちがいます。また学者が実際に経営にタッチしたら危うく消えてしまうでしょう。」……と。

それならなぜ実践の経験のない先生が経営学を教えられるのか、疑問に思い、その後その教授の授業に出席しなくなってしまった。

経営学を教える先生は少なくとも、実体験を語ることがとても魅力的で、若い学生は興味をもつのだ。

後の事だが、ずっとこの疑問を抱えて、大学院を修了してから、筆者は実務経験としての不足を学ぶために、自分なりに、大学への就職をせず、ビジネスの旅に出てしまったのだ。十余年の間に二十種類余りの仕事を覚え社長の経験、サラリーマンとしての経験をしたのだが、今思えば、我が人生にとって（当時は苦しみの連続であったが）の宝庫となっていると言える。なぜなら、失敗でも成功でもその経験を語れる経営学者が自分の理想だったからだ。知行合一は正しい、また物事においてそうでなければならない。

論語に「子、子夏に謂いて曰く、女、君子の儒と為れ、小人の儒と為る無かれ。」（雍也篇）とある。実践的な学者（君子）であれ。知識人（小人）に終わるなかれ。つまり学問は自分の成長のためにするもので、名誉や社会的地位を得るためにするものではないということだ。

この学問を修め、自分を高めているからこそ、学問を本当の道徳の基礎として確立し、物事の判断への応用も可能なことになるのだ。とりわけ、道徳と経済の合一の必然に対して栄一は言っている。

「道徳的行為は、経済上に益し、経済的行為は道徳に由らざれば、感性を期し難い。

ゆえに道徳は人の日常生活に伴って処事、接物を応援すべきものである。しからざれば真正なる道徳経済の一致は出来ないものである。」と。

今日の私企業は利潤追求しなければ成り立っていかない。つまり最小費用の最大効果、物事においては単に費用対効果が考えられている。

しかし、法律を犯さない限り、企業の利益実現のために何をやってもいいということではないのだ。

資本主義経済の宿命である利益追求ということはそれを意味している。

マックス・ウェーバーが、この経済制度をして賤民資本主義と評したのも、利潤追求の行為は民を卑しくしてしまうという意味に使った。

今日言われている強欲資本主義と通じるもので、同じ意味だと解釈できる。

このように、とかく、資本主義経済の在り方はなりふり構わず利潤追求行為をしていかなければ競争に勝てない。勝てなければ敗者となって倒産の憂き目にあい社会から消えていかざるを得ない。ゆえに、必死に会社や自分を守ろうとするので、攻防戦はとかくすると非人道的行為を生み出してしまうわけである。

コンビニ戦争を見るがよい。過剰である。また昨今でも、ネット販売で現物と異なるものが送られたり、広告と実際が異なったり、レンタル着物店が代金を持ち逃げしたり、リボ払いで多重債務者を増やし続けたり、官民の癒着の問題で正統な手続きがなされず仕事の受注をしたり、不道徳、非道徳なビジネス上の取引や契約が蔓延しているのが現実だ。

栄一は実業行為の一切を、『論語』つまり道徳行為を基本にして展開した人だ。

一見、経済行為と道徳を一致させて事を運ぶということは難儀に思われるが、この点、栄一に言わせると「商業道徳というものは、事業を完全に拡張し、道理正しい富をますます増進させてゆくところに伴うもので、道徳は事業とともにどこまでも向上するものでなければならない。誤ってわが利益だけを念とするならばただちに約束に背き、虚言を構え、道理を外すようなことにならないとも限らない。ゆえに、ことさら商業道徳を云々しなくともその営業上の行為が全て道理正しく、誠実に処理されなければ、それがすなわち真正なる道徳となるのである。」『渋沢百訓』と。

十　人間関係の心得

良い人間関係を築き、相互の発展は人間社会の永遠のテーマであろう。政治も企業も家庭も全て共同生活が前提で成り立っているのだから、良きにつけ悪しきにつけ人間関係の良悪がその組織の良悪にかかってくるのは当然である。

『渋沢訓言集』で渋沢はこんな事を言っている。

「およそ事業の発展成功の根本は資本にあらずして人に在りと言わねばならない。ゆえに事を興すはまずその人を得るにある。幸いその人ありて仁、愛をもって相結びて、そのことに当たるを得れば円満に発達するは必然である。」

〝まさに事業は人なり〟の悟りである。栄一が一代で数百の企業、団体を創生した秘訣とは何かを仮に考えてみても、その基本は人の心を動かし、賛同を得、人を以って貫き、決して私欲を優先せず、国益を第一とし、誠心誠意事にあたってきた結果があったろう。

創業で最も重要な要素の一つであるより良い人間関係の構築について、人と接する場合の心得、人の見分け方を『渋沢訓言集』より抜粋して紹介したいと思う。

特に栄一の人間論はその話しの記録だけでも膨大なものであるが故、今に通じる金玉の言葉を私なりに選んでみた。

①どんな天才でも、自分一人では何もできないし、多くの人に接して初めて成功をなし得るのだ。

渋沢訓「人のこの世に存えゆくには、自己一人手を何事もなし得るものでない。
万事に触れ、万人に接するによって、初めて種々の交渉も起き、自己の発達もできるものである。されば世に処し、人に接するには、個人を本位とせず、よく世と調和するよう心掛けねばならない。」

②人に接する時はどんな場合でも敬意、誠意をもって接しよ。形式だけでは心は通じない。

渋沢訓「人に対して敬意を欠いてはならない。されどただ形式だけの敬礼は、往々にして相手の感情を害し、かえって礼せざるに劣るものである。ゆえに真実なる心をもって、いささかなりとも、敬意を失わなければ、対応の調子は粗野で礼儀に習わぬところがあっても、悪意を抱かしむる恐れはないものである。」

③初対面で人に会うときは誰でも一定の心がけで会うので失礼はないが、親交が合ううちに慣れてきてしまうとつい懇親の度が深まったと思い、言葉や態度に無礼が生じやすいので、特に、宴楽遊興の時は注意しなければならない。

渋沢訓「初対面の際や、儀礼の時などは、人々のおのおのその心がけをもって臨むゆえ、その態度は慇懃に、敬意を失うことはないが、懇親の度が進むと誰もが心が緩むから、細かなことで間違いが起こりやすい。

ゆえに宴楽遊興の時などは、ことさら注意すべきである。」

④人との交流は個人はもとより、どんな世界でも必要でこれをぬきにしては何も成り立たない。

渋沢訓「交際とはすこぶる広義にして、個人間はもちろん政治界、経済界、一つとしてこれが必要と認めないところはなく、必ず交際あり、人として社会に生存するにおいて、欠くべからざる根本要因である。」

⑤人との交流は何としても、誠実を基本としなければならない。

渋沢訓「人びと相交際するにあたりては必ず誠実を異本とすべきも

のである。

「彼一人は交際が上手ダ、この人は下手ダ」など、よく世間の人から聞くことがあるが、外形上より見れば、上手、下手もあるように思われる。等しく自己の意思を表示するにも静かにして円滑に、これを言うのと、烈しく突飛に、かつ不躾に言うのとは、一つは相手をして、不快を抱かしめるが、一つは不快の念を起こさしめて、その身にこうむる利、不利は少なからずあるものである。されば上手に人と交わるには、下手の人より大いに優るところはあるが、いずれにしても、誠実の二字を忘れてはならない。」

⑥人に対してその交わりの心は、身分、財産、学歴などは関係なく自慢心を戒むこと。

渋沢訓「人として自慢心なき者はないが、これ大いに戒むべきことである。個人として交わるには、爵位や家産など恃むべきものでない。しかるにこれを鼻に掛け、あるいは学者として学力を恃み、事業家として手腕に誇りて、自らたかくおるは、これ人に交わる道に反するものである。」

⑦人と初めて交流を持つ際、信じられる人か否かを見分けるポイントとは。

渋沢訓「信じるべき人と、信ずべからざる人を区分けするの標準は、志と、言と、行いとの三拍子揃った人なるや否やを観察するに在る。」

世の中には言葉の巧みな人がいる。例えば成田屋びいきのところへ行けば、しきりに団十郎を誉め、また音羽屋にいけば、菊五郎を誉め、よく人に悦ばれるが、その行いときに至りては、唾棄すべきほどに劣等である。ゆえに人を観るには、単にその口のみによるわけにはゆかない。さらにその人の志と行いとのいかんを観察する必要がある。また志がいかに立派でも言行がこれに伴わなければ、その親切はかえって反感を抱かしむるようになる。三拍子揃う人でなければ安全の人とは言われぬのである。」

⑧人が本当に感謝するのは理屈より、心伴った行動そのものにある。

渋沢訓「人が人の親切をありがたく思うのは、その志よりもその行いにある。その行いがいかに親切らしくとも、その志が不実であれば、人は決して有り難く感じない。ゆえに人は志行一致せねば、他人を感動させることは出来ない。」

⑨物事の判断において決して心にない返事はせず、ノーはノーと言い切ることが大切だ。

渋沢訓「自分の意見と全く違う事に対して、なお不同意なきがごとく、一時のがれの挨拶をすればついに情実に余儀なくされて曲従せねばならぬようになる。ゆえに、細事たりとも、同意の出来ぬことは、せつぜんとしてこれを断るがよい。」

⑩虫が好かない相手でも礼儀をもって交際をしなければならないのか。

渋沢訓「怨をかくしてその人と交わることは、恥ずべき事なれど、また一方には礼をも顧みなければならない。礼はすなわち流儀の異なった人とともに世の中の進歩を図って行くに必要である。その礼を守りてかの巧言令色、足恭に流されぬようにすることが、処世上まことに難しき点である。」

⑪人は社会的動物であることを認識しなければならない。

渋沢訓「人は社会的動物なれば、互いに親密の情を厚くし、共同の精神を発揮しなければならない。人は決して孤立して世渡り出来るものではない。各自意志を疎通し、常に親密の情を保たねばならない。ことに寄宿舎のごとき、多数の共同生活を営むところに在りては、共同の便利を専一として、少数の不利は忍ばねばならない。」

⑫人との関係の基本的心得は〝誠実〟に尽きる。

渋沢訓「交際の要旨は、事に当たりて切実に考え、人に対して、いささかも誠意を欠かず、いかなる階級の人に向かっても、言々句々、すべて自己の裏情を披瀝するに在る。世の至誠ほど、偉力あるものはない。

〝企業は人なり〟。くどいようだが、このことは永遠だ。企業でなくとも、政府でも、軍隊でも、人となりの基本は変わらない。」

よく人を知り、よく人と接し、誠心誠意事にあたらなければ着実に成功を得ることはできない。要は、心底からそのような魂の持ち主として自己を養成し得なければならない。本物になる。言うは易しいが、本当に難しいことである。

栄一の人間論は、彼のおおいなる経験と、座右の銘である論語を規範として語られた宝である。人の成功、起業の成功は心と物と正しい社会目的が伴ったものでなければならないことを痛感せざるを得ない。

ここまで起業における準備や心構えについて栄一の教えを学んできた。

次節では創業初期においての教えを観ていくことにしよう。

十一　神仏の試練

創業時に必ず起こるのが何らかのアクシデントである。小さいと言えど一つの組織を運営していくことは、そこにある人々の生活、関係者諸々の人生に主体者として自分が影響を与えていくことになる。

いい加減で無責任な人には任すわけにはいかない。

不思議なことに、私が今までお手伝いした会社設立に関しても必ず設立中に本人かまたその家族に事故が起きたことがじつに多い。交通事故、家族の病気、詐欺に遭い大切な資金をだまし取られるという具合だ。筆者の場合は運が悪かっただけと思っていたが、皆それぞれ共通して必ずと言っていいほど、このような事態に遭遇する。

私自身も会社設立中に大きなトラブルに遭い、悲しみや苦しみの中から立ち上がらなければならないという、大きな勇気と強い意志を強要された思い出がある。

後程、これは神仏がこれから出発する人へ与えた試練なのだと気づいた。軽はずみではない、真剣に強い意志で立とうとしているのかを見極めるための試練だったのだ。そうでないと、いい加減な起業行為は周囲の人々や社会に対して逆に不幸をもたらすかもしれないからだ。

つまり、ここには法律や知識を超えたものが作用しているのだ。

成功者、実務家としての栄一は、創業に絡んでその真理を教えている。いくつか選んで紹介しよう。

「およそ新創の事業は一直線に無難に進み行かるべきものではな

い。あるいはつまずきあるいは悩み、種々の困難を経、辛苦をなめて、初めて成功を見るもんである。」……と。

楽に成功など無いということ、成功に苦労はつきものなのだ。また、

「事業を起こすにあたりては、協力者の人となりを明察せねばならない。協力者の不道徳、不信用ほど恐るべきものはない。迷惑のおよぶところは、一個人の上ばかりではなく、ために事務進行上に容易ならぬ事態を惹起することがある。」

独立に及んでその協力者の人格や才覚の有無が、成功の決定上明らかになる場合が多い。

十二　創業者の資格とは

　実務家として成功した栄一の才覚はこれまでの物事を成し遂げてきた多面な才能やその実力から判断して、実に具体的各論として彼の主張を聞いてみよう。

　現代と異なって、日本は徳川三百年の眠りから覚めて自由民権の下に、新しい経済制度、つまり資本主事社会への移行と構築に産声を上げたばかりだった。

　そんな中で、栄一は日本で初めて、銀行を設立した人だ。それが国立第一銀行であり、その彼は民間銀行として第一銀行（現在のみずほ銀行）の設立をし、長く頭取として活躍したのだが、当時、栄一が実務家として必要な資格について語っていることがある。『渋沢百訓』

これは、現代の会社設立をして事業を始める人にとっても大いに参考になり、現代に通じるものが多くあるように思われるので紹介しておこう。それは実務家たらんとする人に不可欠な能力は、それぞれ事務管理職のレベルで相違があるものだと言いながら、上級事務家と下級事務家という分け方をしている。今日で言う、トップ・マネジメント、ミドル・マネジメント、ロー・マネジメントと、一般職という区分に相当するものだ。

そこで、上級事務家になるには、比較的高尚な学問技芸の要素があることが必要で、下級事務員となるには普通学の素養がある上に常識に富んでいる事を必要とし、さらに大切な要件として精神的にも完備している事として、人柄や気質の重要性を挙げている。

そこで栄一は二つの資格を提起している。一つは学問技芸の資格、もう一つは精神上の資格という分類である。知識と人間性への資格条件である。

第二章　人間論

十三　学問技芸上必要とする資格――簿記に熟練すること

簿記は計算の基礎であり、また、事務中にて重要なるものの一つを占めておるものであるから事務家と称する者は、必ず熟練しておかなければならない。

今日においても全く必要な能力の一つである。なぜなら会社の実態の把握をどうやって全体的につかむかというと、これは会計的見地という方法しかないからだ。

栄一が必要資格の第一に、この簿記の能力の必要性を挙げたことは正しい事だ。推定だが、初めての徳川昭武の一行とフランス万博に同行を依頼されたのも、氏の勤勉さと、資産管理の能力に優れていたからだ。

その裏付けは栄一は経営分析の方法を身につけていて、財務バランスの必要性を重視し、水戸藩の財政立て直しに成功している事だ。「入りをはかりて出ずるを制す」（礼記主制）の実行だ。我々もこの精神で頑張れば貯蓄も可能なのだが、なかなか出ずるを制するのは難しいものだ。

現代において少なくとも、企業の創業者たらんと欲する人は、簿記や財務の知識は不可欠なのだ。

十四　学問技芸上必要とする資格――算術に熟達すること

計算は銀行会社のごとき場所においては、最も主要なもので、かつ日常の事務中多くの部分を占めておるのであるから、事務家は和洋算術中、ことに珠算に熟達しておらねばならぬ。

栄一の算盤を大切にするということは計算能力を持てということだ。

企業家が自分の事業がどのようになっているか常に正確な状態を把握しなければ、より正しい意志決定はできない。

一時的な感情で物事を判断する事はとてもリスキーなことであり、感情は自分も相手も移り変わるものであるので、数字により、確率の高い計算結果による判断の方が自他共に、客観的に納得できるし、合理的でもあるわけだ。

十五　学問技芸上必要とする資格―分筆の才あること

別に文章家たるほどの必要も無いが、文筆の心得があって、ちょっとした意見書なり、往復文なり作り得られるだけの素養がなくては叶わぬことである。

栄一の銀行員一年生の必要資格条件として言っている以下の条件は、起業を志す人にとっても必然的に当てはまるものである。

現代は伝達手段としてライン、メール等、電子メールが当たり前になっている。

大事な要件のポイントを逃さず、簡潔に文章にして送ることは、スマホ時代のまさに不可欠で新たな能力である。

心地よいメッセージを早く文章に出来ることは一つの立派な能力である。部下や顧客とのコミュニケーション、営業上の取引文書、あらゆる場面で事業家は一定の文章能力が必要とされる。

十六　精神上必要とする資格――実直なること

正直にして親切に、かつ道義を重んずる人でなければいかぬ。詐欺、騙瞞の行為ありて徳義の何物たるを知らぬ人は、たとえ一時的に用を弁ずることはあっても、永久の成功は覚束ない。

十七　精神上必要とする資格――勤勉精励なること

何事に当たるにも、勤勉にして精励の必要なることは今さら言うまでもあるまい。勤勉精励は成功の要素である。

十八　精神上必要とする資格――着実なること

事を処理するには着実であれば遺漏、違算なきを得るので、会社銀行の計算事務などにおいてはことにこの性質を必要とする。かの東洋流の豪傑を学んだ突飛の行動、不謹慎の態度は事務家にとっては禁物である。

十九　精神上必要とする資格―活発なること

会社銀行の事務は繁忙にして、かつ多端なるものであるから、これに従事する者もまた、繁忙多端に添うべく活発でなければいかぬ。ただし、活発というても粗暴乱雑とは違うて、命ぜられたる事務を直ちに処断するという向きのことをいう。不活発な人物はとかく事務が渋滞していかぬものだ。というても、不活発と着実とを混同してはいかん。

二十　精神上必要とする資格――温良なること

性質が温順にかつ善良で、いわゆる謙譲の美徳に富み、言語、態度がともに丁寧懇切でなければならぬ。

二十一　精神上必要とする資格――規律を重んずること

会社の規則に遵い、上役の命令に違背せず、自己の分限を守る人が必要である。さもないときは、秩序を紊乱し、事務の混雑を来すを免れない。

二十二　精神上必要とする資格――忍耐力のあること

一度従事した仕事は、これを完成するまでは止まぬという心掛け、すなわち忍耐力がもっとも必要である。かくのごとき辛抱ありて、多年事務上の経験を積んでこそ、初めて成功の人たり得るものである。と栄一は教えている。

十四～二十二の項は一つ一つもっともな条件と言える。つまり、事業を成功させるための人間性の問い方であろう。

事において、忠実、勤勉、誠実に、そして要は一時の利益のためなり、真実を裏切るような心を戒めている。どんなに成功したように見えても、その人間の心に欺瞞があればいつか崩れていくものだ。

正直に、勤勉に確実に積み上げたものが強いのである。また、栄一は最後に「忍耐」ということを強調している。忍耐する力は強い意志を要する。忍耐することによって成功は近づいてくる。ちょっとやって駄目だからといって気移りしては、いつも同じ事を繰り返してしまうことになる。人間の成長にとって「忍耐」は宝なのである。

所詮、利己が強くワンマンで協調性が無く、やたら負けず嫌いな性格は、真の成功者にはなれないものだ。

第三章　企業論

二十三　企業は人なり

能力のある人が多くいる企業は否が応でも成功していくに違いない。また、悪人と呼べる人の集団ではその社会的信用からも企業は消滅してしまうに違いない。

誠に、他人が集まって企業の目的達成のために一致団結することは、語る以上に難しいものである。そこで、栄一の語る人材論とは何かを考えてみた。栄一は日本資本主義創立時に多くの企業、団体の創立に関わった偉大な人物であるが、彼の作り上げた組織は、会社のみならず、公益団体、教育機関、福利厚生、政府機関、芸術、宗教、軍事に至るまであらゆる分野に及んでいる。

これだけの事業を成し遂げるにはそこに必ず、それを成し遂げるに必要な人物との交流や協力関係がなければ不可能である。つまり、金銭力（経済力）や国の圧力公権では到底無理なのだ。

彼は常に人の生き方とはいかにあるべきかということ、人生の道理は大いに語り、論語を基礎にしてあり方を教えてくれている。道理に従って物事を進めるなら一貫性が基本だ。そんな中でも、栄一がその人生の軌跡の中で、いかに人と接すべきか、使用人はどう扱うべきかという視点から論じているものがある。「企業は人なり」の格言で知られる、栄一の語る人材論、コミュニケーション論も大いに現代に通じ教えられるものが多い。多くの文献の中から栄一の語る人物論を抜粋してみた。

二十四　信用出来る人物鑑定

経営者にとって、どんな人物と互いに経営を共有したり、仕事を任せたり、また、会社の金庫を預けたりするに至って、まず、その人物が信用できる人かどうかは根本的な要因の一つである。

人によって会社は成功したり、倒産したり、会社を構成している一人一人の人間の在り方次第で会社の運命は決まってしまうのだ。

例えば人を雇用したり、役職に就ける際にその人物の有効的判断が大事な条件の一つになる。そんな判断を迫られた場合、何かを判断基準にしなければならないが、栄一は『渋沢百訓』の中で単純明快に答えている。

「私が人を使うについての主義は、なるべく忠実なもの、才知は劣っておっても誠意ある者、朴訥でも知行にあやまられぬ者を選ぶをもって家訓としてある。使用人が忠実にして学問あり才智あるものを望むは、私一人のみであるまいが、左様まで完全な人物は得やすくない。智ある者は忠実に欠けるとか、誠意あるものは才智に乏しいとか、とにかく一方に偏するものであるが、同じく欠点がある人物なら、私はやはり少し人智に欠けるところがあっても、忠実な者を選ぶのである。」

…そして『論語』の「孝悌はそれ仁の本為るか。」（学而篇）（目上を敬うこと、すなわち孝悌が仁すなわち誠実であるという意）を引用して、才智よりも孝悌の道理を重んじなければならぬことを教えている、としている。

つまり、才智に長けた人物より、忠実な人物を選ぶと言うことである。

比較外だが、小生もかつて小さな会社を運営していた時代があったが、何度も優秀と信じていた部下に裏切られた経験がある。

才智に自信があるものは、上司より優る自信があり、後日、必ず見返してやるとか、叱咤された言葉を根に持っていてうらみの感情を持ち続ける人物が多いのだ。正直に自分の欠点を認め、改悛して、参加するという正直な心が少ないようだ。

そんな人物に限り、会社の危機になると退職し、仕事の出来る部下を引き抜き、さらに大切なクライアントまで引き抜いて辞めていくケースが多い。よほどしっかりしないと小さな会社なんか潰されてしまうのだ。

私は二十年の経営者経験の中で二度そのような裏切りにあった。その事件の首謀者は、どちらも有名大学出身で警視庁勤務、米国弁護士と全面的に信頼を寄せるに値する人物と思っていたので、当時は大きなショックをうけ、人間不信に陥ったものだ。

それ以後、私は人を雇用する際に、過去の素晴らしい経験や、国家資格の有無より、忠実であること、裏切らない人物であることを前提において雇用の条件として見立てている。

さて、忠誠心が豊かで優れた人材を選抜する見方、判断の方法とはあるのであろうかということになると、いくつかの先駆者の例を栄一は挙げている。『現代語訳　経営論語』の中で「私は人に接し客を見るには、ことごとく泥棒と思うという心情ではなく、誠意で客に接し正心を体して人と会見する。決して疑わずに、誠をもって全ての人を遇するのが私の主義である。」……と言っている。

二十五　『論語の教える人物観察法』

論語の教える人物観察法とは、栄一は視・観・察の三つをもって識別する方法を紹介している。それによると「子曰く、その以うるところを視、その由るところを観、その安ずるところを察すれば、人焉んぞ廋さんや。」（為政篇）

真にその人を知ろうとするなら、視・観・察の三面より意識しなければならない。視は外観を肉眼で見る。観は心眼で見る。つまり外部に現れた行為の良悪を見、さらにその人の行為の動機を推察してみる。また、その人の生きる価値観は何なのかということ、つまり本音を知ることができるのである。

お金は大切だ。だから少しでも儲けたい。それによって、世の中に貢献したい、この世の中に貢献したいは建前で、本音は飽食な生活、贅沢な生活がしたいというようなケースは多いのだ。しかし、それでは、行為、動機満足の三拍子は揃っていないことになる。しかし、この人の案ずるところまで察するのは難しい、人はなかなか本音を言わないからだ。

今日でいうなら、人を見抜く眼力を持てることこそ、経営者に要求される才覚なのであろう。そして見抜く眼力は視・観、そして一番大切な察の能力を努力して向上させることによって、今日では、企業経営に例えて、良き人材を確保することになり、良き人材が多くいる会社は否が応でも発展せざるを得ないのだ。

しかし、一方で経営者側の能力も問われることになろう。人材は優秀な経営者のもとに集まるからである。

「君子は器ならず」（為政篇）と論語にあるように、大将というものは限定された専門家（器）であってはならない。一芸に秀でていても、社員と競って喜んでいるようでは三流である。

社長たる者は、自分が器用な達人になるのではなく、自分より優秀な人材を集めて盛り上がらせる気持ちが大切である。

いわゆる社長たる者〝お徳将〟でなければならないのだ。

大成功を遂げた経営者の多くは〝徳将〟として気持ちで努力した結果である。そしてもう一つ大切な事は、優れた人材が集合してくるには、その会社の仕事にも、社長の人格にもそれだけの魅力があることが条件になってくるのだ。

二十六　人材の採用教育

渋沢は一代で何百もの企業を、団体を創立した。この途方もないサクセスを可能にしたのは本人の天分は申すまでも無いが、国益という公欲があって私欲によって事を起こそうとはしていない。

興味深いのは、栄一が全ての事業をなし遂げていくサクセスを支えた〝人〟つまり人材の採用、教育に対する実際的な思考はどこだったのかという点である。

全て、組織は人次第で大きくも小さくも、成功も失敗もする。栄一のオルガナイザーとしての成功の裏に、この人材をどのように得、育て、活かしたかという点は実に興味を感じるところであり、『論語』に学ぶべき点は基本にあるのだが、栄一自身は、どの『論語』の教えを忠実に組織創成に応用していったのかという点を紹介しよう。

栄一は先で述べたように、事業創業時の大切な注意事項、いや心掛けとして四つの条件を述べていた。つまり、①その事業が成立し得るものか否か、②個人を制すると共に国家を制する事業なのか、③その事業が時機に適合するか否か、④事業成立の暁において、その経営者に適切な人物があるのかどうか考える。

さて、ここで四つ目の条件にあたる、経営者に適当な人物をどう得るかの点を述べてみよう。

栄一は全ての社会における諸事業は、人物ありて後のことで、資本が如何に豊富でも、計画が如何に立派でも、それを経営していく者に適材を得なければ、資本も計画も無意義なものになってしまう。

……そして「事業は真に人物如何にあることを忘れべからざる要旨である。」(『渋沢百訓』)と述べている。そして、人、人材を得るには三つの方法があり、第一は適材適所の配置。第二は才能、特徴を発見してこれを重用する。第三は人物全体を観察し、堅実であることを確認し重用し、大事を任せるということである。

『論語』に「子游、武城の宰と為る。子曰く、汝、人を得たるか、と。曰く、澹台滅明という者あり。行くに径に由らず。公事に非ざれば、未だ嘗て偃の室に至らず、と」(雍也篇)

これは孔子の弟子の子游が武城の長官となって孔子に謁見した際、孔子は長官ともなれば部下に良き人材がいなくば良い仕事は出来にくいものだと知っているので、良い人材は得られたかという問いに対して、子游は「澹台滅明という人物は、歩く時も近道せず、正規の道を行き、公務で無い限り決して長官である私の部屋にはやってきません。こういう人物なので賢者と認めて登用しました。」(『論語講義　渋沢栄一』)……と答えた。つまり、この人物は堅実な処世ぶりを見抜いて用いていることを答えた事例なのだ。

さて、事業経営の成功、不成功はすでに人材を得ているか否かで決まると言っても過言ではないし、逆にこの点に重きをおいて、集中しさえすれば成功を得ることになる。

一言で〝企業は人なり〟その中身にはようようたるものがみなぎっているのだ。

事業経営成功の致命が人材の有無にあるなら徹して、この点に集中し、実行あるのみだ。

人材はどこにでもいるものだ。身近な人間を抜擢して育てればいい。

「仲弓、季氏の宰となり、政を問う。有司を先にし、小過を赦し、賢才を挙げよ、と。曰く、焉んぞ賢才を知りて、これを挙げんや、と。曰く、爾の知るところ挙げよ。爾の知らざるところは、人それ諸を舎かんや、と。」（子路篇）

「仲弓が季氏の長官に取り立てられたとき、孔子にその心構えを訊ねた。孔子はそれは立派な人材を部下に持つこと。身近なところから人材を抜擢することだ。そして、小さな失敗は寛大にしてやる。そうするとお前の眼の届かない人材を周囲が推薦してくれるようになり、多くの人材を部下に置くことができるようになる。」

会社経営に応用すれば、ただ努力もしなければ、能力の無い人間を年功序列のみで登用していたら、本当に与えられた役職を果たすことができるのだろうか。また、義理人情や、血縁や閥を重視した人事では多くの社員のコンセンサスを得られないばかりか、人材と思われる優れた人は会社を去って行ってしまうことになり、大きな損をすることになる。

栄一は適材適所を間違えて、国家の政権が奪取され、移動した顕著な例として、日本の戦国史の中の石田三成を挙げている。

秀吉がある時、鷹狩りに出かけると喉の渇きを潤すため、周辺の小さな観音寺で一杯の茶を所望するのに寄ったのだが、その時、寺の小姓であった三成十三歳、そのお茶の温度が実に上手に調整され、一杯目はぬるめ、一息で飲めるように、乾いてる喉に最適で、二杯目は少し熱い茶を、そして三杯目は熱いお茶を小さな茶碗にたてて盛ってきた。人の気持ちを察した茶の入れ方だった。秀吉は三成の機知に感服し、自分の小姓にした。三成は目から鼻に抜けるように賢く、秀吉に仕え、結果、十八万石の大名にまで登りつめた。

しかし、問題はこの先である。豊臣家にとって三成はその滅亡を早めることになった。

才智に優れた三成だが、国家を担う器ではなかった。もし、西軍の総大将が他の誰かであったら歴史も変わっていたかもしれない。

民間企業でもこんな例はいくらでもある。社長の一人息子がまだ経験も積んでいないのに、都合で社長の椅子に座らされたり、社長の奥方が代行したり、友人が急にトップに抜擢されたり、こんなケースの場合、社員は心中そっぽを向いてしまう。それは、社員全体のコンセンサスを得ていないから、そこにリーダーシップの発揮も不可能なのだ。

つまり、人柄が良く、仕事ができ、人望もあってはじめて周囲はトップとして認め従うことができるのだ。

二十七　人材養成は富を創造する

　成功している会社は社員教育の仕組みがしっかりしている。特に大手企業は入社してじっくり新入社員教育を施行する。今時の男女共同参画社会時代に難関を突破し入社してくるのはそれなりの知識や人生観がしっかりしている。その上に、経験によって編成された教育システムによって一定期間教育されるのであるから、いわゆる大手と呼ばれる会社では人材を得るのに苦労はないかもしれない。

　対して、中小企業と言われる分野では、その安定性や就業条件等の厳しさで人材と呼ぶにふさわしい人はなかなかやって来てくれない。同じ企業でも、この点で大いなる格差がついてしまっているのだ。

もし、中小企業と呼ばれる会社の社長が〝欲しい人材〟を待つより自分で養成出来たら一番いいことだろう。

企業は人によって成功を得るのが本分なのである。故に、人、人材を養成してしまえばその人々が企業を潤してくれることになる。何も高い報酬でヘッドハンティングなんかしなくてもいいことになる。

高度成長期には、経済拡大の波に乗って企業も諸々の分野で人材不足が深刻だった。

当時、小生の友人で人材派遣の仕事をしていたT氏は、企業に一人ヘッドハンティングを決めるとその人の年収の30％以上が手数料として入ったそうだ。年収一千万円なら三百万円が報酬なのだ。経済の拡大期には企業も背に腹は変えられずこのような人材銀行に頼らざるを得ない時代もあったのだ。

普通の人を高い付加価値を生める人材に育てる教育は、企業の富を増やすことに繋がるのだ。

では、『論語』の教える人材養成のポイントを紹介してみよう。

①簡単に教えず考えさせよ！

本人の思考段階が未熟で具体的に何も形にならない、つまりイメージさえ出て来ない状態がよくある。

例えば、ある企画を立てた場合、それは必ず当たると思うよ！というようなあいまいな印象を持ち、まだ何も具体的に戦術が樹立されていないのにやたらに周囲や上司に相談を持ちかける人がいる。世の中にはあいまいな情報や計画に過ぎないプロセスで事を起こそうとするタイプが多い。プランがあいまいならそれを仮に実行してもあいまいな結果しか出ないのだ。『論語』では、この点に関して以下のように教えている。

「子曰く、憤せずんば啓かず。非ざれば発さず。一隅を挙げて、三隅を以て反せずんば、則ち復びせず。」（述而篇）

つまり人は何か壁にぶつかった時に初めて手助けしてやり、少なくとも問題が解決しかかっていてもう少しのところで、それが上手く表現できない時に手伝ってあげること、故に、何の疑問や問題提起も無い状態で教えても無駄だということだ。

故に、物の教え方としても一端だけ教えてその残り三端は教えない。つまり一隅を理解することによって三隅を理解出来るようでなければもう教えることはない。

つまり、深く考えず、調べもせず、やたらに聞いて来ても答えず、本人がとことん深く考えて、最終的に壁にぶつかって苦しんでいる時になって初めて教えると効果があるということだ。

学問をせず、酔生夢死のような人生を送っている者にどんな高邁な学問を話しても、猫に小判と言うことだ。

大学教員時代だが、私語で聞いていない学生を相手に懸命に講義する自分の姿が虚しく、はかなかった経験が思い出される。

あの山本五十六元帥の教えに、「やってみせ、やらせてみせて、ほめてやらねば、人は動かじ。」という言葉がある。これは中下級管理職、新入社員の教育には最も適しているだろう。しかし、それ以上の人材になると強く要求することで、本人が判断して決めましょう。人材と言われる程の人間は自分できちんと仕事を決め成し遂げていくから、常識的な指導ほど不要なのだ。

人材にとって良い環境とは一任させてもらうことだ。細かいことは言わず、思う通りにやってみなさい、と見守ることなのだ。

②人を知らなければ指揮も教育も出来ない

企業はオーケストラのようなものである。一人一人の奏者がそれぞれの楽器を奏でることによってハーモニーが成り立ち美しい音楽になる。当然、全体を調整して各団員の演奏能力を充分に引き出すマネジメント力も必要になってくる。

そんな場合、天才指揮者は構成する楽器の音色や音の特色などをよく知り尽くしていることは当然で、さらに人としての奏者の心の動きまで感じ取ってなければならない。それは経験者なら分かるが、奏者のその時の心理状態如何で微妙に音色も異なってくるからだ。

外面のみで判断せず内面も察するのが名指揮者なのだ。当日、心に心配を抱えて壇上に登る奏者がいれば、その人の発見から心の治療まで気を遣わなくてはならない。ただ指揮棒を振ることのみではないのだ。

そんな意味で、企業のトップは人を本当に知ってこそ教育もでき、また適材適所が可能なのだ。

では、人を判断する一つの教えとして、論語はどのように教えているのだろうか。いくつかの事例を抜粋してみよう。

「宰予、昼寝ぬ。子曰く、朽木は雕るべからず。糞土の牆には杇るべからず。予においてや何ぞ誅めん、と。子曰く、始め吾、人におけるや、その言を聴きてもその行いを観る。予に於いてや是を改めり、と。」(公冶長篇)

宰予が怠けて昼寝をした。孔子は「腐った木には彫刻は出来ない。泥土の垣根には上塗りできない。叱ってもしかたがない。以前は私は人に対してその言葉を聞いてその行いまで信用したが、今は言葉を聞いてさらに行いまで観察しない限り信用出来なくなった。」

この教えは孔子の弟子に相当する自社の社員の中からおぼしき人物を育てて大役を預ける時に、役立つ教えになる。つまり、表面は調子が良くいかにも会社を思い学習に努力をしていると言っても、本当の姿は分からないと思った方がよい。

社長の不在時には要領よく時間を盗み、怠けている社員はとても教育指導しても効果がないということだ。つまり、腐った木に彫刻は出来ないようにだ。信用できる人材にこそ教育が生きてくるということだ。

では信用がある人物とはどうか。普段の生活態度の中で充分察することができよう。

正直で約束を必ず守る。勤勉で謙虚、また仕事が出来る。口が堅い等が判断ポイントであろうか。

③人を見抜いて法を説け

古今東西、知っている者が知らない者に物事を教えていくのは当然のことだ。しかし、同じ教えでも効果的な教えでなければならないのは当然だ。

人材編成に成功すればそれは企業経営に成功することを意味する。どんな組織にも共通して必要とされる。

しかし、人はその立場によって考えていることも異なり、そして人の育った環境、土地の習慣、両親の考え方、卒業した学校の方針、一人として同一な人は居ない。

トップは大方、会社の将来や運営方法を常に考えていようが、一般社員のほとんどは、自分の利害を中心に考える。

組織の上下によって考え方が異なるのは当然なのだ。それ故に、社員教育一つとっても一般社員と低級管理職、上級管理職、トップマネジメントクラスではその内容は異なり、レベルも異なってくる。

さて、人とは何かをよく知らなければ効果的な教育は成立しない。腹ぺこの犬に天下国家の行方を語ったところで犬は食物しか頭に無い。人の心の中は、その人の外面だけでは到底分かり得るものではない。行動の動機を支えている信念みたいなものまで分からなければ人の心は掴めない。

心、すなわち考えるところの正体が分からなければ、心を成長させ躍進させるべき教育手段も当たらないことになる。

企業は人なり。では人とは一体いかなるものなのか、その人は何を考えているのか、本当はどうなのか、多面的に洞察する能力が重要なのだ。どんな教育も説法も相手のレベル、能力に合わせていくことは当然なことだ。

いわゆる釈迦に説法では意味がない。また、物を言う時は時と所をわきまえて話すことが肝要だ。ＴＯＰを心得て話し教える。近年〝ＫＹ〟などと若者を中心に言われているが、空気を読めない、その場の状況が分からない、掴めない若者が増えているのが現状だろう。

『論語』では「司馬牛、仁に問う。子曰く、仁者はその言うや訒し、と。曰く、その言うや訒ければ、すなわちこれを仁と謂うか、と。子曰く、これ（仁）を為すや難し、これを言うに訒なること無きや、と。」（顔淵篇）

孔　子「仁の人は言葉を軽々しくすることはない。」

司馬牛「では言葉が控えめならば、仁と言えますか。」

孔　子「言葉と行動は一致すべきものだ。行動が難しいと思うなら言葉を軽々しく発するわけが無いだろう。」

他に、孔子は仁について顔淵と仲弓にも教えている。顔淵には仁の本質を教えた、つまり「子曰く、己に克ちて礼に復るを仁と為す。一日己に克ちて礼に復すれば、天下仁に帰す。仁を為すには己に由る。人に由らんや、と。」

仲弓には「子曰く、門を出でては大賓に見ゆるが如くし、民を使うには大祭を承くるが如くす。己の欲せざるところは人に施すこと勿れ。」（顔淵篇）

つまり「顔淵はとても聡明な人だったので、我が身をつつしんで礼（規範）に立ち戻るのが仁ということ。一日でも身をつつしんで礼に立ち戻れば世界中がその仁に帰復するだろう。」

また、政治家を志す仲弓には「家の外で会う時は大切な客に会うかのようにし、人民を使う時は大切な祭りにお仕えするようにして身を慎み、自分の望まないことは人に仕向けないようにして人を思いやれば、国に仕えても、家にいても恨まれることがない。」

つまり高弟子三人のそれぞれの性格に合わせて、騒がしい司馬牛には仁の人は言葉が軽々しくはないのだと、聡明な顔淵には、仁の本質を、政治家志望の仲弓には具体的な実践の方法を教えたのだ。

賢明な人ほど、言葉に慎重なものだ。一旦口から出た言葉は消すことが出来ないことを知っている。故に、一言一言責任ある言葉で話すだろう。また、相手の人柄、心情を測り、話す内容、言葉の使い方にも慎重を期すだろう。実行できないことは言わないし、不快になる言葉も使わず、無責任な個人評価や悪口も言わないだろう。それでいて、常に身を慎み、相手に思いやりの心を持っている人こそ仁多き人、信用出来る人、頼れる人になるだろう。

④信ずべき人、信ずべからざる人

栄一は、彼の訓言集の中で、人の見方の一つとして、信ずべき人、そうでない人をどのように区別するのかという、一つの基準について志と言と行いの三拍子が揃った人か否かを観察しなさいと言う。世の中には、その場、その場で巧みな人が多い、立板に水の如く、しかし、行っていることに志と行を伴わなければ何もならないし、人は感謝もしない。

志と行動が一致してこそ人は信頼を得ることができるのだ。

今の世の中、口から出まかせの無責任な人間がなんと多いことか。人を疑う事を知らぬ人はよくだまされて実に生きにくい世の中なのだ。

二十八　渋沢栄一から学ぶ人間論のポイント

この世の成功、不成功はその基本は良い人間関係を築き維持することにある。

栄一が我が国の近代資本主義創成の父と呼ばれるその偉大な功績を残し得た土台はやはり、人をよく知り、人を愛し、人を尊敬し、あくまでもどんな人に対しても誠心誠意、真心をもって接してきたからである。

それはまた、人を知り、人を見抜き、人と接する、論語の教えに忠実にあることの実行の結果でもあった。

当時、我が国が近代日本へ脱皮を図ろうとする明治の始まりは、あらゆる面で身分制度、職業の自由、新国家の国策や思想は混沌としていた。身分を超えて、職業を超えて、人間を知り、人の心を知り、適切な対応を為し得ていった栄一の〝人とどのように接するか〟という心得は、時代を超えて人間関係の基本の在り方を教えてくれている。

人間と人間の問題は、経営学では「人間関係論」という学問になったり、心理学では「交流分析」や行動科学等と言われる分野で追求されている。

しかし、人は企業人である前に、一人の人間としてそれぞれの思いや人生がある。故に人は人生の道理をわきまえ悟った上で企業で働く人間としての心得を知っておくことが肝要だろう。

では栄一はどのような人の接し方、人間関係の在り方が大切なのかと教えているのか、彼の訓言を学びながら、それぞれ紹介してみよう。

①人生の目的について

およそ人としてこの世に生まれ来たりし上はそこに何らかの目的がなくてはならない。これを客観的にすれば、自己を第二として、まず社会のためには自己を犠牲にするも辞世的というまでに、自我を没却することとなるべく、またこれを主観的にすれば、自己あるがゆえに社会あるを認め、何事も自己を本位として、ある程度までは、自己のために社会を犠牲にすることになる。しかし人は尊卑、賢愚、老少となく、いずれも天の制裁を受けるべきものである以上、その目的もまた天道に基づかなければならない。

②人の在り方について

人は如何に偉くとも、認識する者が無ければ分からない。つまり、社会がその人の本能を認識すればこそ、偉くなれるのである。人は尊卑を通じて同情心が無くてはならない。しからざれば人にして人でない。同情心とは思いやりの強い心である。

人の持って生まれた性質は容易に変わるものではない。一時悪感化を受け、悪人となったからとて、必ずもとの善に還るものである。人はなるべく愉快に自己の生活を遂げたいものである。愉快とは心にやましい所のないのをいうのである。すなわち道理によって目的を立て、目的に従って手段を講じ、而してその事業が着々実現し成功するところに、無上の愉快があるのである。

人は胸中に確固たる安心立命がなければ、事変に遭遇するか、または厄難に出遭う時は、たちまちその態度を乱して、周章狼狽するものである。余の安心立命は、論語すなわち仁義道徳である。これ実は余の守り本尊で、終身変わらざる金科玉条である。運命とか僥倖とか道理以外の禍福は余の壱も心に関せざるものである。

③人の生き方の基本

人の一生に、疎かにして良いという時はない。一分一秒といえども、貴重の時間たるに違いないが、その中でも、余は晩年が最も大切であると思う。若いときに欠点があった人でも、晩年が美しければ、その人の価値は上がるものである。

人は常に権利と義務の分界を明瞭にして、踏み違えぬようにせねばならない。権利があればその隣に必ず義務がある。権利と義務とは常に相関して並行するものであるから、権利の増すほど、義務もまた多くなるものである。しかるに権利は喜んで己のものとしながら、これに伴う義務を顧みない者がおる。権利をまず行使しておきながら、さて義務という場合にあってこれをまぬかれんとするは不道徳の至りである。ゆえに我々は権利を得る目的とするよりはむしろ義務を履行する人民にならねばならぬ。

人はその生命の有らん限り精神の存在者であって、肉塊の存在者とはなりたくない。まだあの人は生きているかと言われるは、これ実に肉塊の存在者である。

人のこの世に処するは、二個の意味を含蓄する。則ち自己に対するものと他人に対するものである。他人に対する務めとは、至誠博愛をもって他人に対する謂いである。また、自己に対する務めとは、一身一家の富貴、栄達を求むるの謂いである。この他人に対する誠意と、自己の求める栄達の意念とが权衡を採って、相並んで進むが、則ち人の世に処する適当なる務めである。

人は万事の霊長として、よくその衣食住を調えて、天地の化有を賛するのが人としての経済である。而して人は父母により生まれ、君によりて保護せらる。されば忠勤孝養をつくして、君父を奉安するは、すなわち臣子の形分である。忠孝の道の由って生じ来れば所以は、すなわちここにある。

人の生き方の基本とは何か。回答を得るに難しい問題である。人は生まれも育ちも、人種も、また文化も異なる環境からこの世に出てくるからだ。多様な価値観の存在する現社会での人として生きていく基本姿勢の確立、ぶれない自分を作る基礎とは、つまり栄一の言う、人の基本的存在を重視し、また他人には博愛をもって接し、自己には一家の富貴、栄達を求めてしかりであるということである。

二十九　実業家渋沢栄一の誕生

この執筆を進めながら、つくづく思うことは、渋沢栄一の何かを語るということは相当な博識と自信が無ければ語れないということを悟った次第だ。なぜなら、彼は日本の近代資本主義創生の父というばかりではなく、その生涯を論語の教えを忠実に実行し、天寿を全うした人だ。その生涯の豊富な経験、業績全てを追跡することは不可能だ。そこで筆者の特に興味を持った、明治の初期にかけて交渉を持った傑物とのエピソードや人生ドラマを通して実業家渋沢栄一の誕生を見ていきたい。

栄一は二十七歳になる頃まで生まれ故郷の現深谷市で父の仕事を

手伝いながら、父から直接学問を授かっていた。その父に言われ七歳の時に尾高惇忠から学ぶようになり、十五歳までに『古文真宝』『史記』『日本外交』等を学んだ。

次の軌跡は一橋家用人の平岡円四郎との出会いである。つまり、一橋家の用人の家来になることは武士になることであった。当時慶喜も平岡も開国論者になっていたが渋沢は熱っぽい攘夷論者である。はっきり物を言って頭の回転が早い栄一を平岡はだんだん好きになっていった。そして、一橋家の家来になることに従兄弟と共に成功した。

その後平岡円四郎は暗殺されるが、一橋家の仕事を着々と成し遂げ、その過程で当時三十八歳薩摩藩の軍賦役西郷隆盛とも面識を得て政治議論に花を咲かせることも後の大きな人生の布石となった。

平岡の死後、栄一の一橋家への忠誠と才覚は慶喜等に一目置かれ、やがて〝勘定組頭〟に任ぜられ、一橋家の財政立て直しに奔走することになる。

やがて徳川家重が死去すると、当時の情勢下で慶喜が十五代将軍となる。これは倒幕派であった栄一の失望落胆はひととおりでは無かった。この頃栄一は陸軍奉行の命である幕臣を捕縛する仕事を命ぜられ新撰組の近藤勇や土方歳三とも通じている。

パリ万博がフランス行きは栄一の人生に最も大きな飛躍をもたらした。

当時フランス皇帝ナポレオン三世がパリで大博覧会を開くことになり、世界中の皇帝や王が呼ばれることとなる。日本にも当時、日本の王として徳川将軍に招待が来るが、将軍は行かないので慶喜の弟の昭武が決まり、その一行に栄一を推薦した原市之進という上役がいた。

栄一は理財について知識は人並み以上、また将来有為な人物だから本人のためにも海外遊学をさせなさい、という意図もあったようだ。これにより一年十一ヶ月フランスをはじめヨーロッパを巡り諸々の文化、先進技術や経済制度を直に見て学ぶことになる。

パリに着くとフロリ・ヘラルド（銀行家）と出会うこととなる。彼との出会いは栄一の将来にとって大いなる幸運をもたらすことになったのだ。なぜなら、栄一は彼から銀行の仕組み、会社・工場・取引所等の新しい知識を吸収することができた。

特に株式会社という方法、つまり株を募集して大きな資金にしてそれで鉄道会社を作り儲けた金は配当する。この方法を見て感心した栄一は帰国後「合本主義」という方法で多くの会社を起業し成功させていくことに繫がることになる。

新政府のもとでは民部省租税正（現在の租税局長）にスカウトさ

れ、実質的責任者であった大隈重信のユニークな説得によって就任することとなった。当時二十九歳であった。その後大隈との出会いは終生続き早稲田大学の創立にも大いに協力している。

また、財政管理に複式簿記を導入したのも栄一である。ついでに英語で当時ブックキーピングと呼ばれていたものを〝簿記〟と翻訳したのは福沢諭吉である。

その後大蔵省で大久保利通と軍事予算の増額要求で対立し、政府に財政批判の文章を突きつけて大蔵省を去ったのが、栄一三十三歳であり、実業家渋沢栄一の誕生でもあった。

三十　渋沢栄一の教育界への貢献

栄一は本来論語の教えを、自分の人生の在り方や、そして事業経営にも一貫してその精神のみならず客観的に実行して活かしている。

自分は論語によって事業経営をやってみせると豪語したことも有名である。

本来、弱肉強食の原則を貫いている資本主義経済の中で、倫理、道徳がどれだけ活かし貫けるか非常に困難な問題である。

いわゆる、渋沢栄一の世界観の中には個の幸福よりも多数の幸福を優先する思考が彼の社会観に貫かれている。だから、彼は富豪になることは望んでいない。

国家が強くなるには、人を育てなければならない。経済国として樹立するには、欧米に優っていくには、まず人材を育てなければならない。これは当時の渋沢の強い信念であり願望でもあった。栄一は自らの訓言集の中で言っている。

◎新しき時代には新しき人物を増加して新しき事物を処理せねばならない。

◎事実なる国家の開明、完全なる国家の富強は農工商三者の発展に基づくものであって、政治や軍事などは、この三者を進むるに必要な施設たるに過ぎない。

◎商業会は決して一人一個の専有物ではない。

多数の力によって成立するものである。その多数が道に踏み迷う場合には、如何に非凡な人でもこれを導くことは出来ない。この迷いの道はなからしむものは、何であるかと言えば、学問の力より他は無い。

◎これを商業教育の最も必要なる所以である。

例えば商売人の品性は高くし、商売人の信用を厚くし、商売人の気性を剛毅にすることはみな学問の力によらなければならない。

以上のように、栄一の教育に関する教訓の中ににじみ出るものは、国家の発展は人材教育を為さなければあり得ないということであり、実業国として発展しなければ意味が無く、政治や軍人もこれらの支えにしか過ぎないと言っている。

栄一の念頭には常に個人の成功より国家、国益の増進、発展があり、人を造り、生きた学問を教え、そんな人材が実務で成果を上げていくことが、そして、そんな人材を養成する事こそが教育の目的であると。

結言として、国家に必要な人材養成に関する協力は惜しまなかった。それ故日本資本主義の父と呼ばれる所以である。

人間学のすすめ「恕《じょ》」 改装版 ～安岡正篤・孔子から学んだこと～

著者：下村 澄
文庫版／75頁
本体価格500円＋税

ISBN 978-4-904022-049-7

さまざまなことにぶつかり、迷いながらも前に進んでいく。そして成長して人間になる。
「恕」とは「心緩やかに相手を許す」という意味です。そこから「大目に見る」や「思いやる」「慈しむ」という意味が生まれてきたと著者はいう。

中日英対訳　三カ国語　「論語」

【名誉総編集】鳩山友紀夫、李源潮、孔徳墉
【主編】孔子直系第75 代当主　孔祥林
四六判 496頁 上製本　　本体価格2,600円＋税

ISBN 978-4-86563-038-1

「どうすれば人々が平和にくらすことが出来るのか」混乱する春秋時代末期に考えた名著『論語』を三カ国語に翻訳
共に生きる社会『友愛社会』をつくる
第93代 内閣総理大臣　鳩山友紀夫
「万人にとって新鮮かつ興味深く読める、人生の指南書とも言える一冊です」　野村克也

みんなで学ぶ　はじめての「論語」

著者：一条 真也
A5判／192頁　　本体価格1,600円＋税

ISBN 978-4-86563-025-1

論語はしあわせに生きる知恵。「徳」を身につけること、人間がどう生きていけば幸福かを知る。

第1章「仁」人間には、愛と思いやりが大切です！／第2章「義」将来、「何をしていくか」を見つける／第3章「礼」人として生きる「道」を守る／第4章「智」善悪の区別と〝ほんとうの自分〟を知る／第5章「忠」誰にもでも真心で接するということ／第6章「信」自分を信じ、人を信じてともに成長する／第7章「孝」自分と親、ご先祖さまへと続く生命の〝つながり〟／第8章「悌」謙虚な気持ちで、人のいいところを認め、敬うこと

渋沢栄一物語 社会人になる前に一度は触れたい論語と算盤勘定

著者：田中 直隆
四六判／224頁
本体価格1,500円＋税
ISBN 978-4-904022-85-6

道徳（論語）と利益追求（算盤）！日本の近代資本主義の父と呼ばれる渋沢栄一を今だから読んでみたい。

渋沢の携わった企業（一部）第一国立銀行、七十七国立銀行など多くの地方銀行設立を指導、理化学研究所、富岡製糸場、東京瓦斯、東京海上火災保険、王子製紙（現王子製紙・日本製紙）、ほか

だるまんの陰陽五行　伊勢神宮 影との和解

著者：堀内 信隆
四六判・オールカラー／236頁
本体価格1,500円＋税
ISBN 978-4-86563-005-3

テーマは「伊勢神宮」　今回はその名も伊勢神宮を舞台とした物語。

ありがとうは幸せの贈り物 あこのありが豆腐

著者：菅谷 晃子
四六判／128頁
本体価格1,280円＋税
ISBN 978-4-86563-054-1

「何のために生きてるんだろう」と思う人に届けたい。学校って？生きるって？私って？仕事って？幸せって？どこにあるの？私の居場所は？と思ったときに読んでほしい。

渋沢栄一翁が教える
小さな会社を作って成功する30の基本

令和 2 年 4 月 10 日　印刷
令和 2 年 5 月 5 日　発行

著　者：田中直隆
発行人：佐藤公彦
発行所：株式会社 三冬社
〒 104-0028
東京都中央区八重洲 2-11-2 城辺橋ビル
TEL 03-3231-7739　FAX 03-3231-7735

印刷・製本／中央精版印刷株式会社

◎落丁・乱丁本は本社または書店にてお取り替えいたします。
◎定価はカバーに表示してあります。
 ISBN978-4-86563-057-2